Frugalidade
Como Economizar Dinheiro e
Salvar o Planeta

Este livro foi criado com a ajuda de inteligência artificial avançada, para garantir que o conteúdo seja preciso, confiável e informativo.

Aviso Legal

Este livro é fornecido apenas para fins de entretenimento e não se destina a fornecer aconselhamento financeiro ou profissional em qualquer área. As informações contidas neste livro são fornecidas "como estão" e não fazem garantias ou representações de qualquer tipo quanto à sua precisão, confiabilidade, adequação ou disponibilidade. O autor e os editores deste livro não são responsáveis por quaisquer erros ou omissões, ou por quaisquer danos resultantes do uso ou confiança nas informações contidas neste livro. Os leitores devem buscar o conselho de um profissional antes de tomar qualquer decisão financeira ou de investimento.

Introdução à frugalidade

A frugalidade é uma abordagem de vida que tem sido praticada há séculos, mas nos últimos anos, tornou-se cada vez mais popular devido à crescente conscientização sobre a importância da sustentabilidade e a busca por um estilo de vida mais simples e econômico.

Mas o que exatamente é frugalidade? Na essência, a frugalidade é sobre viver com menos, seja por escolha ou necessidade, e fazer escolhas conscientes sobre como gastar seu dinheiro e recursos. Isso pode incluir evitar o desperdício, reduzir gastos desnecessários e concentrar-se em coisas que realmente importam para você.

Por que a frugalidade é importante? Em primeiro lugar, a frugalidade pode ajudá-lo a economizar dinheiro. Ao evitar gastos desnecessários e reduzir sua dependência de bens materiais, você pode economizar dinheiro para emergências, investir em seu futuro e alcançar seus objetivos financeiros a longo prazo.

Além disso, a frugalidade também pode ajudá-lo a viver uma vida mais significativa e gratificante. Ao concentrar-se no que é realmente importante para você, como relacionamentos, experiências e hobbies, você pode encontrar mais felicidade e propósito em sua vida. Ao reduzir o desperdício e viver de forma mais sustentável, você também pode ajudar a proteger o meio ambiente e contribuir para um futuro mais saudável para todos.

No entanto, a frugalidade não é apenas sobre economizar dinheiro ou viver de forma mais sustentável. Também é sobre mudar a maneira como você pensa sobre o dinheiro e o consumo. É sobre adotar uma mentalidade de abundância, em que você reconhece que há mais na vida do que bens materiais e dinheiro, e que a verdadeira riqueza vem de relacionamentos significativos, experiências enriquecedoras e propósito de vida.

Embora a frugalidade possa parecer assustadora ou limitante para algumas pessoas, na realidade, é uma abordagem muito flexível e adaptável. Não se trata de viver de forma miserável ou abster-se completamente de coisas que você ama. Trata-se de fazer escolhas conscientes e pensar em como você pode usar seus recursos de maneira mais eficiente e significativa.

Neste livro, vamos explorar como a frugalidade pode ajudá-lo a economizar dinheiro, viver uma vida mais significativa e gratificante e contribuir para um futuro mais saudável e sustentável para todos. Vamos examinar princípios básicos de frugalidade, estratégias práticas para reduzir gastos em várias áreas da vida, e como criar uma mentalidade de frugalidade que o ajude a manter-se motivado e superar obstáculos.

Se você está procurando maneiras de economizar dinheiro, viver de forma mais sustentável e encontrar mais significado e propósito em sua vida, então este livro é para você. Junte-se a nós enquanto exploramos o mundo da frugalidade e descobrimos como você pode aplicá-la em sua própria vida para alcançar seus objetivos financeiros e viver uma vida mais feliz e satisfatória.

História da frugalidade

A frugalidade é uma abordagem de vida que tem sido praticada em todo o mundo ao longo da história, embora tenha sido conhecida por nomes diferentes e em diferentes contextos culturais.

Na Grécia antiga, por exemplo, a frugalidade era considerada uma virtude, e muitos filósofos gregos como Sócrates e Platão defendiam a ideia de que o prazer não deveria ser o objetivo final da vida, mas sim a busca da sabedoria e da virtude. Na China, a filosofia do Taoísmo enfatizava a importância de viver uma vida simples e natural, evitando o excesso e o desperdício.

Na Idade Média, a frugalidade era uma prática comum entre os monges e outras ordens religiosas, que viviam vidas simples e dedicadas à oração e ao serviço aos outros. A Igreja Católica também enfatizava a importância da moderação e do autocontrole, e muitos santos e mártires eram conhecidos por seu estilo de vida austero e desapegado.

Durante a era industrial, a frugalidade tornou-se mais comum entre as classes trabalhadoras, que muitas vezes eram forçadas a viver com pouco devido às condições econômicas e sociais da época. Na Grande Depressão dos anos 1930, a frugalidade tornou-se uma necessidade para muitas famílias que lutavam para sobreviver em meio à pobreza e ao desemprego.

Na década de 1960, a frugalidade ressurgiu como uma tendência popular entre os jovens que desejavam desafiar as normas sociais e experimentar uma vida mais simples e menos materialista. O movimento hippie, por exemplo, defendia valores como a paz, o amor e a fraternidade, e muitos hippies viviam em comunidades auto-suficientes e sustentáveis.

Nos últimos anos, a frugalidade tornou-se cada vez mais popular devido à crescente conscientização sobre a importância da sustentabilidade e a busca por um estilo de vida mais simples e econômico. A crise financeira global de 2008 também levou muitas pessoas a reavaliar seus valores e a adotar um estilo de vida mais frugal.

Hoje, a frugalidade é praticada por uma ampla variedade de pessoas em todo o mundo, desde aqueles que desejam economizar dinheiro e reduzir sua pegada de carbono até aqueles que buscam um estilo de vida mais simples e significativo. Embora a frugalidade tenha uma longa história e seja praticada em diferentes contextos culturais, a essência da frugalidade permanece a mesma: viver com menos, fazer escolhas conscientes e buscar uma vida mais gratificante e significativa.

No próximo capítulo, vamos explorar os princípios básicos da frugalidade e como você pode aplicá-los em sua própria vida para economizar dinheiro, viver de forma mais sustentável e encontrar mais significado e propósito em sua vida.

Como a frugalidade pode ajudá-lo a economizar dinheiro

Uma das principais razões pelas quais muitas pessoas adotam a frugalidade em suas vidas é a economia de dinheiro. Ao viver de forma mais consciente e reduzir gastos desnecessários, você pode economizar dinheiro para emergências, investir em seu futuro e alcançar seus objetivos financeiros a longo prazo.

Aqui estão algumas maneiras pelas quais a frugalidade pode ajudá-lo a economizar dinheiro:

1. Reduzir gastos desnecessários

Ao adotar uma abordagem mais consciente e crítica em relação ao dinheiro, você pode começar a identificar áreas em que está gastando dinheiro desnecessariamente. Isso pode incluir coisas como assinaturas de serviços que você não usa, compras por impulso, ou mesmo gastos excessivos em alimentos ou roupas. Ao reduzir esses gastos desnecessários, você pode economizar uma quantia significativa de dinheiro ao longo do tempo.

2. Priorizar seus gastos

A frugalidade também pode ajudá-lo a priorizar seus gastos, concentrando-se em coisas que realmente importam para você. Em vez de gastar dinheiro em coisas que não lhe trazem felicidade ou significado, você pode direcionar seu dinheiro para coisas que realmente importam para você, como experiências de viagem, investimentos em educação ou economias para um fundo de emergência.

3. Reduzir a dívida

Ao reduzir gastos desnecessários e priorizar seus gastos, você também pode começar a pagar dívidas existentes de forma mais rápida e eficiente. Isso pode incluir coisas como cartões de crédito, empréstimos estudantis ou hipotecas. Ao pagar essas dívidas mais rapidamente, você pode economizar dinheiro em juros e reduzir seu estresse financeiro.

4. Viver dentro das suas possibilidades

A frugalidade também pode ajudá-lo a viver dentro de suas possibilidades financeiras, evitando dívidas excessivas ou dificuldades financeiras. Ao reduzir gastos desnecessários e priorizar seus gastos, você pode garantir que está gastando dentro de seus limites financeiros e trabalhando em direção a seus objetivos financeiros a longo prazo.

5. Investir em seu futuro

Finalmente, a frugalidade pode ajudá-lo a investir em seu futuro financeiro. Ao economizar dinheiro em gastos desnecessários e priorizar seus gastos, você pode economizar mais dinheiro para investimentos, tais como ações, títulos e fundos mútuos. Isso pode ajudá-lo a construir uma base financeira sólida para o futuro e alcançar seus objetivos de longo prazo.

Princípios básicos da frugalidade

A frugalidade é uma abordagem de vida que pode ser aplicada em todas as áreas da vida, desde o dinheiro e as finanças até a alimentação, a habitação e o entretenimento. Embora a frugalidade possa ser praticada de muitas maneiras diferentes, há alguns princípios básicos que são essenciais para uma abordagem eficaz e sustentável.

1. Autoconsciência e autocontrole

Um dos princípios fundamentais da frugalidade é a autoconsciência e o autocontrole. Isso envolve estar ciente de seus hábitos de consumo e comportamentos financeiros e tomar medidas ativas para controlar seus impulsos de gastos. A autoconsciência também pode ajudá-lo a identificar áreas em que está gastando dinheiro desnecessariamente e encontrar maneiras de reduzir seus gastos.

2. Priorização de gastos

Outro princípio chave da frugalidade é a priorização de gastos. Em vez de gastar dinheiro em coisas que não são importantes ou significativas para você, a frugalidade envolve concentrar seus recursos em coisas que realmente importam. Isso pode incluir coisas como viagens, hobbies, atividades com a família ou investimentos em sua carreira ou educação.

3. Redução do desperdício

A frugalidade também envolve a redução do desperdício. Isso pode incluir coisas como evitar o uso excessivo de energia em casa, reduzir o consumo de alimentos ou evitar a compra de itens descartáveis. Ao reduzir o desperdício, você pode economizar dinheiro e reduzir sua pegada ambiental.

4. Sustentabilidade

A frugalidade também está intimamente ligada à sustentabilidade. Isso envolve a adoção de práticas de consumo que são ecologicamente sustentáveis e socialmente responsáveis. Isso pode incluir coisas como comprar produtos locais e orgânicos, reduzir o uso de plástico e papel e reciclar ou reutilizar materiais sempre que possível.

5. Flexibilidade e adaptação

Por fim, a frugalidade é uma abordagem flexível e adaptável que pode ser aplicada de muitas maneiras diferentes. Embora a frugalidade possa parecer restritiva ou limitante, na realidade, pode ser uma abordagem muito criativa e satisfatória para a vida. Ao se adaptar às circunstâncias em constante mudança, você pode encontrar maneiras novas e criativas de economizar dinheiro e viver de forma mais consciente e significativa.

Em resumo, a frugalidade envolve a adoção de uma série de princípios fundamentais, incluindo a autoconsciência e o autocontrole, a priorização de gastos, a redução do desperdício, a sustentabilidade e a flexibilidade e adaptação. Ao incorporar esses princípios em sua própria vida, você pode economizar dinheiro, reduzir sua pegada ambiental e encontrar mais significado e propósito em sua vida.

Como definir seus objetivos financeiros

A frugalidade é uma abordagem de vida que pode ajudá-lo a economizar dinheiro e alcançar seus objetivos financeiros a longo prazo. No entanto, para ser eficaz, é importante que você saiba exatamente quais são seus objetivos financeiros e como alcançá-los.
Aqui estão algumas etapas importantes que você pode seguir para definir seus objetivos financeiros:

1. Analise sua situação financeira atual

Antes de definir seus objetivos financeiros, é importante que você entenda sua situação financeira atual. Isso inclui conhecer seus rendimentos e despesas mensais, suas dívidas e investimentos, e suas necessidades e desejos financeiros a longo prazo.

2. Defina metas financeiras claras

Com base em sua situação financeira atual, você pode começar a definir metas financeiras claras e alcançáveis para o futuro. Isso pode incluir coisas como economizar para uma casa, um carro novo, uma educação, um fundo de emergência ou aposentadoria.

3. Estabeleça prazos realistas

Ao definir suas metas financeiras, é importante estabelecer prazos realistas para alcançá-las. Isso pode ajudá-lo a manter-se motivado e a acompanhar seu progresso ao longo do tempo. Certifique-se de estabelecer prazos alcançáveis, mas desafiadores o suficiente para mantê-lo empenhado.

4. Priorize suas metas financeiras

É importante priorizar suas metas financeiras, concentrando-se nas mais importantes e alcançáveis primeiro. Isso pode envolver a alocação de recursos e dinheiro para alcançar suas metas de maior prioridade primeiro, antes de avançar para outras metas menos importantes.

5. Crie um plano de ação

Uma vez que você tenha definido suas metas financeiras e prioridades, é importante criar um plano de ação para alcançá-las. Isso pode incluir coisas como criar um orçamento, reduzir gastos desnecessários, aumentar suas economias e investir em oportunidades financeiras que possam ajudá-lo a alcançar seus objetivos.

6. Monitore e ajuste seu progresso

Finalmente, é importante monitorar e ajustar seu progresso ao longo do tempo. Isso pode envolver a revisão regular de seus objetivos financeiros, a avaliação de seu progresso e a identificação de quaisquer desafios ou obstáculos que possam surgir ao longo do caminho.

Em resumo, definir seus objetivos financeiros é uma etapa crítica para alcançar a frugalidade efetiva e alcançar a segurança financeira a longo prazo. Ao analisar sua situação financeira atual, definir metas claras e alcançáveis, estabelecer prazos realistas, priorizar suas metas financeiras, criar um plano de ação e monitorar e ajustar seu progresso, você pode alcançar seus objetivos financeiros e viver de forma mais consciente e significativa.

Como criar um orçamento

Criar um orçamento é uma das etapas mais importantes para alcançar a frugalidade efetiva e alcançar seus objetivos financeiros a longo prazo. Um orçamento pode ajudá-lo a controlar seus gastos, evitar dívidas excessivas e economizar dinheiro para o futuro. Aqui estão algumas etapas importantes que você pode seguir para criar um orçamento efetivo:

1. Avalie seus rendimentos e despesas

Antes de criar um orçamento, é importante avaliar seus rendimentos e despesas. Isso inclui entender sua renda mensal, bem como seus gastos mensais em áreas como habitação, transporte, alimentação, entretenimento, dívidas e outras despesas.

2. Identifique áreas onde você pode reduzir gastos

Com base em sua avaliação de rendimentos e despesas, você pode começar a identificar áreas onde pode reduzir gastos. Isso pode incluir coisas como cancelar assinaturas desnecessárias, reduzir gastos em alimentação, transporte ou entretenimento, ou negociar contas de serviços públicos ou planos de celular.

3. Estabeleça metas para suas economias

Uma vez que você tenha identificado áreas onde pode reduzir gastos, é importante estabelecer metas para suas economias. Isso pode incluir coisas como economizar para um fundo de emergência, uma viagem ou um investimento em educação ou aposentadoria.

4. Crie um plano de orçamento

Com base em suas metas de economia e áreas onde pode reduzir gastos, é importante criar um plano de orçamento. Isso pode incluir a alocação de uma certa quantidade de dinheiro para gastos em diferentes áreas, bem como a identificação de quaisquer despesas fixas ou variáveis que possam impactar seu orçamento mensal.

5. Use ferramentas para acompanhar seu orçamento

Existem muitas ferramentas disponíveis para ajudá-lo a acompanhar seu orçamento, como planilhas de orçamento, aplicativos para celular ou programas de computador. Use essas ferramentas para monitorar seus gastos e garantir que você esteja dentro de seu orçamento mensal.

6. Monitore e ajuste seu orçamento

Finalmente, é importante monitorar e ajustar seu orçamento ao longo do tempo. Isso pode envolver a revisão regular de seus gastos, a identificação de quaisquer áreas onde você possa reduzir gastos ainda mais e a realização de ajustes em seu plano de orçamento, conforme necessário.

Em resumo, criar um orçamento é uma etapa importante para alcançar a frugalidade efetiva e alcançar seus objetivos financeiros a longo prazo. Ao avaliar seus rendimentos e despesas, identificar áreas onde você pode reduzir gastos, estabelecer metas para suas economias, criar um plano de orçamento e monitorar e ajustar seu orçamento ao longo do tempo, você pode controlar seus gastos, evitar dívidas excessivas e economizar dinheiro para o futuro.

Como reduzir seus gastos com alimentação

A alimentação é uma das maiores despesas mensais para muitas pessoas, mas há muitas maneiras de reduzir seus gastos com alimentação sem comprometer sua saúde ou nutrição. Aqui estão algumas etapas importantes que você pode seguir para reduzir seus gastos com alimentação:

1. Faça uma lista de compras

Antes de ir às compras, faça uma lista de compras com os itens que você precisa para sua dieta e planeje suas refeições com antecedência. Isso pode ajudá-lo a evitar compras desnecessárias e reduzir seus gastos com alimentos que você não precisa.

2. Compre em atacado

Comprar alimentos em atacado pode ajudá-lo a economizar dinheiro em itens que você compra com frequência, como arroz, feijão, macarrão e enlatados. Verifique se há lojas de atacado em sua área e compre esses alimentos em grandes quantidades para economizar dinheiro a longo prazo.

3. Compre alimentos da estação

Os alimentos sazonais costumam ser mais baratos do que os alimentos fora de temporada. Compre frutas, legumes e verduras da estação para economizar dinheiro e obter alimentos frescos e saborosos.

4. Compre alimentos a granel

Comprar alimentos a granel pode ser mais barato do que comprar pacotes menores, especialmente para alimentos como grãos, nozes e sementes. Verifique se há lojas que vendem alimentos a granel em sua área e compre esses alimentos para economizar dinheiro e reduzir o desperdício de embalagens.

5. Faça refeições caseiras

Comer fora ou pedir comida pode ser caro. Em vez disso, tente fazer refeições caseiras com alimentos frescos e saudáveis. Isso pode ajudá-lo a economizar dinheiro e ter mais controle sobre os ingredientes e a nutrição de suas refeições.

6. Reduza o desperdício de alimentos

O desperdício de alimentos é uma das maiores despesas para muitas pessoas. Tente reduzir o desperdício de alimentos planejando suas refeições com antecedência, armazenando alimentos adequadamente e usando sobras de refeições anteriores em outras receitas.

7. Use cupons e promoções

Procure por cupons e promoções em lojas e supermercados para economizar dinheiro em alimentos que você precisa comprar. Muitas lojas oferecem descontos em itens selecionados ou têm programas de fidelidade que podem ajudá-lo a economizar dinheiro ao longo do tempo.

Em resumo, há muitas maneiras de reduzir seus gastos com alimentação sem comprometer sua saúde ou nutrição. Ao fazer uma lista de compras, comprar em atacado, comprar alimentos sazonais e a granel, fazer refeições caseiras, reduzir o desperdício de alimentos e usar cupons e promoções, você pode economizar dinheiro em sua alimentação mensal e alcançar a frugalidade efetiva.

Como reduzir seus gastos com habitação

A habitação é uma das maiores despesas mensais para muitas pessoas, mas há muitas maneiras de reduzir seus gastos com habitação sem comprometer sua qualidade de vida. Aqui estão algumas etapas importantes que você pode seguir para reduzir seus gastos com habitação:

1. Avalie sua situação de moradia atual

Antes de procurar maneiras de reduzir seus gastos com habitação, é importante avaliar sua situação de moradia atual. Considere se sua casa ou apartamento é adequado para suas necessidades e se você está pagando um aluguel ou hipoteca que é acessível para sua renda.

2. Procure por opções de moradia mais acessíveis

Se você está pagando muito por sua moradia atual, considere procurar opções de moradia mais acessíveis, como apartamentos ou casas menores, em áreas com custo de vida mais baixo ou que oferecem programas de habitação acessível.

3. Considere compartilhar moradia

Compartilhar moradia pode ser uma maneira eficaz de reduzir seus gastos com habitação. Considere procurar um companheiro de quarto ou dividir uma casa ou apartamento com amigos ou familiares para reduzir seus custos mensais de moradia.

4. Reduza seus custos de serviços públicos

Há muitas maneiras de reduzir seus custos de serviços públicos, como eletricidade, gás e água. Isso pode incluir coisas como usar lâmpadas de baixo consumo, tomar banhos mais curtos, reduzir o uso do ar condicionado ou aquecedor e consertar vazamentos de água.

5. Faça pequenas reformas

Pequenas reformas em sua casa ou apartamento podem ajudá-lo a reduzir seus custos de habitação a longo prazo. Isso pode incluir coisas como instalar isolamento térmico, trocar janelas ou portas para melhorar a eficiência energética ou consertar vazamentos em encanamentos.

6. Procure por programas de assistência habitacional

Se você está enfrentando dificuldades para pagar seu aluguel ou hipoteca, procure por programas de assistência habitacional em sua comunidade. Isso pode incluir programas de assistência financeira, programas de habitação acessível ou programas de aconselhamento financeiro.

7. Considere mudar para uma área com custo de vida mais baixo

Se você está pagando muito por moradia em sua área atual, considere mudar para uma área com custo de vida mais baixo. Isso pode incluir se mudar para outra cidade ou estado, onde os preços de moradia são mais acessíveis.

Em resumo, há muitas maneiras de reduzir seus gastos com habitação sem comprometer sua qualidade de vida. Ao avaliar sua situação de moradia atual, procurar opções de moradia mais acessíveis, compartilhar moradia, reduzir seus custos de serviços públicos, fazer pequenas reformas, procurar programas de assistência habitacional e considerar mudar para uma área com custo de vida mais baixo, você pode economizar dinheiro em sua habitação mensal e alcançar a frugalidade efetiva.

Como economizar em transporte

O transporte é outra grande despesa mensal para muitas pessoas, mas há muitas maneiras de economizar dinheiro em transporte e ainda assim chegar onde precisa ir. Aqui estão algumas etapas importantes que você pode seguir para economizar em transporte:

1. Considere opções de transporte público

O transporte público, como ônibus, metrô ou trem, pode ser uma opção mais econômica do que dirigir ou usar táxi ou Uber. Considere usar o transporte público sempre que possível para economizar dinheiro em combustível, estacionamento e manutenção do veículo.

2. Ande de bicicleta ou a pé

Andar de bicicleta ou a pé pode ser uma maneira eficaz de economizar dinheiro em transporte, especialmente se você mora perto do trabalho ou de outras atividades diárias. Além disso, isso pode ser uma ótima maneira de se exercitar e melhorar sua saúde.

3. Compartilhe caronas

Compartilhar caronas pode ser uma maneira eficaz de economizar dinheiro em transporte. Considere procurar um colega de trabalho ou vizinho que mora perto de você e compartilhe as despesas de combustível e manutenção do veículo.

4. Dirija um carro econômico

Se você precisa dirigir para chegar onde precisa ir, considere dirigir um carro econômico que use menos combustível e seja mais eficiente em termos de combustível. Além disso, tente manter seu carro em boas condições para evitar custos de manutenção excessivos.

5. Evite dirigir em horários de pico

Dirigir em horários de pico pode aumentar seus custos de transporte, já que você pode gastar mais tempo em engarrafamentos e consumir mais combustível. Tente evitar dirigir em horários de pico sempre que possível ou planeje suas rotas para evitar congestionamentos.

6. Use aplicativos de compartilhamento de carros

Aplicativos de compartilhamento de carros, como Carro Fácil, Moobie ou Fleety, podem ser uma opção mais econômica do que possuir um carro próprio. Você pode alugar um carro por um curto período de tempo e evitar os custos de manutenção e seguro que vêm com a posse de um carro próprio.

7. Negocie suas despesas de transporte

Se você precisa usar táxi ou Uber com frequência, considere negociar preços com os motoristas ou empresas de transporte. Além disso, verifique se há promoções ou descontos disponíveis que possam ajudá-lo a economizar dinheiro em suas despesas de transporte.

Em resumo, há muitas maneiras de economizar dinheiro em transporte sem comprometer sua mobilidade. Ao usar opções de transporte público, andar de bicicleta ou a pé, compartilhar caronas, dirigir um carro econômico, evitar dirigir em horários de pico, usar aplicativos de compartilhamento de carros e negociar suas despesas de transporte, você pode economizar dinheiro em suas despesas de transporte mensais e alcançar a frugalidade efetiva.

Como economizar em entretenimento

O entretenimento é uma parte importante da vida, mas pode ser uma grande despesa mensal. No entanto, há muitas maneiras de economizar dinheiro em entretenimento sem comprometer sua diversão. Aqui estão algumas etapas importantes que você pode seguir para economizar em entretenimento:

1. Procure opções de entretenimento gratuitas

Muitas cidades oferecem opções de entretenimento gratuitas, como concertos ao ar livre, exposições de arte e museus gratuitos. Procure por eventos gratuitos em sua cidade e aproveite para se divertir sem gastar muito dinheiro.

2. Faça atividades ao ar livre

Atividades ao ar livre, como caminhadas, piqueniques e passeios de bicicleta, podem ser uma maneira econômica de se divertir e explorar a natureza. Além disso, isso pode ser uma ótima maneira de se exercitar e melhorar sua saúde.

3. Assista a filmes em casa

Assistir a filmes em casa pode ser uma maneira econômica de se divertir. Em vez de ir ao cinema, alugue ou compre filmes online ou em lojas físicas. Além disso, você pode fazer sua própria pipoca em casa para economizar dinheiro em alimentos e bebidas.

4. Procure descontos em ingressos

Procure por descontos em ingressos para eventos, como shows, teatro e esportes. Isso pode incluir descontos para estudantes, idosos e militares, bem como descontos em pacotes ou compras antecipadas.

5. Assine serviços de streaming

Assinar serviços de streaming, como Netflix, Amazon Prime ou Disney+, pode ser uma maneira econômica de se divertir. Em vez de pagar por cada filme ou programa de TV, você pode pagar uma taxa mensal e ter acesso a uma ampla variedade de conteúdo.

6. Faça atividades em grupo

Fazer atividades em grupo pode ser uma maneira divertida e econômica de se divertir. Isso pode incluir cozinhar juntos, jogar jogos de tabuleiro, organizar um churrasco ou uma festa temática em casa.

7. Defina um orçamento para entretenimento

Definir um orçamento para entretenimento pode ajudá-lo a controlar seus gastos e evitar gastar mais do que pode pagar. Considere quanto dinheiro você pode gastar em entretenimento a cada mês e tente ficar dentro desse limite.

Em resumo, há muitas maneiras de economizar dinheiro em entretenimento sem comprometer sua diversão. Ao procurar opções de entretenimento gratuitas, fazer atividades ao ar livre, assistir a filmes em casa, procurar descontos em ingressos, assinar serviços de streaming, fazer atividades em grupo e definir um orçamento para entretenimento, você pode economizar dinheiro em suas despesas de entretenimento mensais e alcançar a frugalidade efetiva.

Como reduzir seus gastos com roupas

As roupas são uma necessidade básica, mas podem ser uma grande despesa mensal. No entanto, há muitas maneiras de reduzir seus gastos com roupas e ainda assim se vestir bem. Aqui estão algumas etapas importantes que você pode seguir para reduzir seus gastos com roupas:

1. Faça um inventário de suas roupas

Antes de comprar novas roupas, faça um inventário de suas roupas atuais. Considere quais roupas você usa com mais frequência e quais roupas você pode doar ou vender. Isso pode ajudá-lo a evitar comprar roupas que você não precisa.

2. Compre roupas de segunda mão

Comprar roupas de segunda mão pode ser uma maneira econômica de se vestir bem. Procure por lojas de segunda mão em sua área ou procure por roupas usadas em sites como OLX, Enjoei ou Brechó Online.

3. Espere por promoções e liquidações

Espere por promoções e liquidações em lojas de roupas para economizar dinheiro em suas compras. Isso pode incluir descontos em feriados ou promoções de final de temporada.

4. Faça suas próprias roupas

Se você gosta de costurar, fazer suas próprias roupas pode ser uma maneira econômica de se vestir bem. Você pode comprar tecidos em lojas de tecidos e fazer suas próprias roupas personalizadas.

5. Troque roupas com amigos ou familiares

Trocar roupas com amigos ou familiares pode ser uma maneira divertida e econômica de se vestir bem. Considere organizar uma troca de roupas entre amigos ou familiares para economizar dinheiro em suas compras de roupas.

6. Compre roupas de qualidade

Comprar roupas de qualidade pode ser uma maneira econômica de se vestir bem a longo prazo. Roupas de qualidade duram mais tempo e podem ser mais resistentes a desgaste e rasgos.

7. Use roupas que possam ser usadas em várias ocasiões

Usar roupas que possam ser usadas em várias ocasiões pode ser uma maneira econômica de se vestir bem. Considere roupas que possam ser usadas no trabalho e em atividades de lazer.

Em resumo, há muitas maneiras de reduzir seus gastos com roupas sem comprometer seu estilo. Ao fazer um inventário de suas roupas, comprar roupas de segunda mão, esperar por promoções e liquidações, fazer suas próprias roupas, trocar roupas com amigos ou familiares, comprar roupas de qualidade e usar roupas que possam ser usadas em várias ocasiões, você pode economizar dinheiro em suas despesas de roupas mensais e alcançar a frugalidade efetiva.

Como economizar em produtos de beleza e higiene pessoal

Produtos de beleza e higiene pessoal são uma necessidade básica, mas podem ser uma grande despesa mensal. No entanto, há muitas maneiras de economizar dinheiro em produtos de beleza e higiene pessoal e ainda assim manter sua aparência e saúde em dia. Aqui estão algumas etapas importantes que você pode seguir para economizar em produtos de beleza e higiene pessoal:

1. Faça seus próprios produtos de beleza

Fazer seus próprios produtos de beleza pode ser uma maneira econômica de cuidar da sua aparência. Você pode fazer seu próprio hidratante, esfoliante facial, shampoo e condicionador com ingredientes naturais em casa.

2. Compre produtos genéricos ou de marca própria

Comprar produtos genéricos ou de marca própria pode ser uma maneira econômica de cuidar de sua higiene pessoal. Esses produtos são frequentemente mais baratos do que marcas famosas, mas ainda assim fornecem o mesmo nível de limpeza e cuidado.

3. Procure promoções em produtos de beleza e higiene pessoal

Procure por promoções em produtos de beleza e higiene pessoal em lojas físicas e online. Isso pode incluir descontos em feriados, ofertas de pacotes ou compras antecipadas.

4. Compre produtos em grandes quantidades

Comprar produtos de beleza e higiene pessoal em grandes quantidades pode ser uma maneira econômica de cuidar de sua higiene pessoal. Isso pode incluir a compra de embalagens maiores de shampoo, sabonete ou pasta de dentes para economizar dinheiro a longo prazo.

5. Use produtos multifuncionais

Usar produtos multifuncionais pode ser uma maneira econômica de cuidar de sua higiene pessoal. Isso pode incluir o uso de um hidratante facial que também funciona como protetor solar, ou um produto de limpeza que também funciona como esfoliante.

6. Faça suas próprias máscaras faciais

Fazer suas próprias máscaras faciais pode ser uma maneira econômica de cuidar de sua aparência. Você pode fazer suas próprias máscaras faciais com ingredientes naturais em casa, como mel, iogurte e aveia.

7. Considere alternativas naturais

Considere alternativas naturais para seus produtos de beleza e higiene pessoal, como vinagre de maçã como enxaguante bucal ou bicarbonato de sódio como desodorante. Essas alternativas podem ser mais econômicas do que produtos de beleza e higiene pessoal tradicionais.

Em resumo, há muitas maneiras de economizar dinheiro em produtos de beleza e higiene pessoal sem comprometer sua aparência e saúde. Ao fazer seus próprios produtos de beleza, comprar produtos genéricos ou de marca própria, procurar promoções, comprar produtos em grandes quantidades, usar produtos multifuncionais, fazer suas próprias máscaras faciais e considerar alternativas naturais, você pode economizar dinheiro em suas despesas de beleza e higiene pessoal mensais e alcançar a frugalidade efetiva.

Como economizar em despesas médicas

Despesas médicas podem ser uma grande preocupação financeira para muitas pessoas. No entanto, há muitas maneiras de economizar dinheiro em despesas médicas e ainda assim obter a atenção médica necessária. Aqui estão algumas etapas importantes que você pode seguir para economizar em despesas médicas:

1. Use planos de saúde

Usar planos de saúde pode ser uma maneira econômica de lidar com despesas médicas. Isso pode incluir planos de saúde oferecidos pelo seu empregador, bem como planos de saúde do governo, como o SUS.

2. Faça check-ups regulares

Fazer check-ups regulares pode ajudá-lo a prevenir problemas de saúde antes que eles se tornem mais sérios e, portanto, mais caros. Isso pode incluir exames de rotina, exames de sangue e check-ups odontológicos.

3. Use clínicas e centros de saúde públicos

Usar clínicas e centros de saúde públicos pode ser uma maneira econômica de obter atendimento médico de qualidade. Esses serviços geralmente têm preços mais acessíveis do que clínicas particulares.

4. Pesquise sobre preços de medicamentos

Pesquisar preços de medicamentos pode ajudá-lo a economizar dinheiro em suas despesas médicas. Considere usar sites de comparação de preços ou entrar em contato com várias farmácias para comparar preços.

5. Use genéricos

Usar medicamentos genéricos pode ser uma maneira econômica de lidar com despesas médicas. Medicamentos genéricos são frequentemente mais baratos do que as marcas famosas, mas ainda fornecem o mesmo nível de tratamento.

6. Negocie preços

Negociar preços com seu provedor de cuidados de saúde pode ajudá-lo a economizar dinheiro em suas despesas médicas. Considere discutir opções de pagamento ou pedir um desconto se você precisar pagar pelo atendimento fora do plano de saúde.

7. Considere programas de assistência

Considere programas de assistência, como o Programa Farmácia Popular, que oferece medicamentos gratuitos ou a preços reduzidos para pacientes com condições específicas. Esses programas podem ser uma maneira econômica de lidar com despesas médicas.

Em resumo, há muitas maneiras de economizar dinheiro em despesas médicas sem comprometer sua saúde. Ao usar planos de saúde, fazer check-ups regulares, usar clínicas e centros de saúde públicos, pesquisar preços de medicamentos, usar medicamentos genéricos, negociar preços e considerar programas de assistência, você pode economizar dinheiro em suas despesas médicas mensais e alcançar a frugalidade efetiva.

Como economizar em despesas com crianças

Despesas com crianças podem ser uma grande preocupação financeira para muitas famílias. No entanto, há muitas maneiras de economizar dinheiro em despesas com crianças e ainda assim proporcionar a elas uma infância feliz e saudável. Aqui estão algumas etapas importantes que você pode seguir para economizar em despesas com crianças:

1. Faça um orçamento

Fazer um orçamento para suas despesas com crianças pode ajudá-lo a controlar seus gastos e economizar dinheiro. Considere incluir despesas com alimentação, roupas, cuidados infantis e atividades de lazer.

2. Compre roupas de segunda mão

Comprar roupas de segunda mão pode ser uma maneira econômica de vestir suas crianças bem. Procure por lojas de segunda mão em sua área ou por roupas usadas em sites de compra e venda online.

3. Use fraldas reutilizáveis

Usar fraldas reutilizáveis em vez de fraldas descartáveis pode ser uma maneira econômica de lidar com as despesas com bebês. As fraldas reutilizáveis são mais caras no início, mas a longo prazo elas podem ser mais econômicas do que as fraldas descartáveis.

4. Procure por promoções em brinquedos e materiais escolares

Procure por promoções em brinquedos e materiais escolares para economizar dinheiro em despesas com crianças. Isso pode incluir descontos em feriados ou promoções de final de temporada.

5. Planeje atividades gratuitas

Planejar atividades gratuitas pode ser uma maneira econômica de manter suas crianças entretidas. Isso pode incluir passeios em parques, piqueniques, atividades artísticas em casa e visitas a bibliotecas públicas.

6. Use creches e escolas públicas

Usar creches e escolas públicas pode ser uma maneira econômica de lidar com as despesas com cuidados infantis e educação. Esses serviços geralmente têm preços mais acessíveis do que serviços particulares.

7. Considere programas de assistência

Considere programas de assistência, como o Bolsa Família, que oferecem ajuda financeira para famílias de baixa renda com crianças. Esses programas podem ser uma maneira econômica de lidar com despesas com crianças.
Em resumo, há muitas maneiras de economizar dinheiro em despesas com crianças sem comprometer sua felicidade e saúde. Ao fazer um orçamento, comprar roupas de segunda mão, usar fraldas reutilizáveis, procurar promoções em brinquedos e materiais escolares, planejar atividades gratuitas, usar creches e escolas públicas e considerar programas de assistência, você pode economizar dinheiro em suas despesas com crianças mensais e alcançar a frugalidade efetiva.

Como economizar em despesas com animais de estimação

Animais de estimação podem trazer muita alegria e amor às nossas vidas, mas também podem ser uma grande despesa mensal. No entanto, há muitas maneiras de economizar dinheiro em despesas com animais de estimação e ainda assim oferecer a eles os cuidados necessários. Aqui estão algumas etapas importantes que você pode seguir para economizar em despesas com animais de estimação:

1.Compre ração em grandes quantidades

Comprar ração em grandes quantidades pode ser uma maneira econômica de alimentar seu animal de estimação. Isso pode incluir a compra de grandes sacos de ração ou a assinatura de programas de entrega de ração.

2.Faça suas próprias guloseimas para animais de estimação

Fazer suas próprias guloseimas para animais de estimação pode ser uma maneira econômica de fornecer a eles petiscos saborosos. Você pode fazer guloseimas com ingredientes naturais em casa.

3.Use serviços de cuidados de animais de estimação compartilhados

Usar serviços de cuidados de animais de estimação compartilhados, como passeadores de cachorro ou serviços de creche para animais de estimação, pode ser uma maneira econômica de lidar com os cuidados do seu animal de estimação quando você não estiver disponível.

4.Considere adotar em vez de comprar

Adotar um animal de estimação em vez de comprar pode ser uma maneira econômica de ter um companheiro animal em sua vida. Adotar um animal de estimação geralmente tem um custo menor do que comprar um animal de estimação de um criador.

5.Aprenda a fazer a higiene do seu animal de estimação em casa

Aprender a fazer a higiene do seu animal de estimação em casa, como cortar as unhas e escovar os pelos, pode ser uma maneira econômica de lidar com os cuidados com seu animal de estimação. Isso pode evitar a necessidade de levar seu animal de estimação a um profissional.

6.Considere serviços de esterilização gratuitos ou a baixo custo

Considere serviços de esterilização gratuitos ou a baixo custo, que podem ser oferecidos por organizações de resgate de animais ou clínicas veterinárias. Esterilizar seu animal de estimação não apenas pode ajudar a controlar a população de animais de estimação, mas também pode ajudar a prevenir problemas de saúde no futuro.

7.Planeje antecipadamente despesas médicas

Planejar antecipadamente despesas médicas para seu animal de estimação pode ajudá-lo a economizar dinheiro. Isso pode incluir a compra de seguros para animais de estimação ou estabelecer uma conta de poupança para despesas médicas futuras.

Como economizar em viagens

Viajar pode ser uma experiência emocionante e enriquecedora, mas também pode ser uma grande despesa. No entanto, há muitas maneiras de economizar dinheiro em viagens e ainda assim ter uma experiência memorável. Aqui estão algumas etapas importantes que você pode seguir para economizar em viagens:

1. Planeje antecipadamente

Planejar antecipadamente sua viagem pode ajudá-lo a economizar dinheiro. Considere pesquisar destinos com antecedência, reservar passagens aéreas e hotéis com desconto, e escolher períodos de baixa temporada para viajar.

2. Use programas de recompensa

Usar programas de recompensa, como cartões de crédito com pontos de recompensa ou programas de fidelidade de companhias aéreas e hotéis, pode ser uma maneira econômica de economizar em viagens. Considere acumular pontos para usar em futuras viagens.

3. Procure por promoções

Procure por promoções em voos, hotéis e pacotes de viagem para economizar dinheiro em suas viagens. Isso pode incluir descontos em feriados ou promoções de final de temporada.

4. Use transporte público

Usar transporte público em vez de táxis ou aluguel de carros pode ser uma maneira econômica de se locomover durante sua viagem. Considere usar ônibus, metrôs e trens locais para economizar dinheiro.

5. Faça sua própria comida

Fazer sua própria comida em vez de comer fora pode ser uma maneira econômica de economizar dinheiro em viagens. Isso pode incluir preparar lanches para levar em excursões ou cozinhar refeições simples em sua acomodação.

6. Escolha acomodações mais econômicas

Escolher acomodações mais econômicas, como albergues ou hotéis econômicos, pode ser uma maneira econômica de economizar dinheiro em viagens. Essas opções geralmente são mais acessíveis do que hotéis de luxo.

7. Planeje atividades gratuitas

Planejar atividades gratuitas, como caminhadas, passeios a pé ou visitas a museus gratuitos, pode ser uma maneira econômica de explorar um destino. Procure por atividades gratuitas para fazer em seu destino.
Em resumo, há muitas maneiras de economizar dinheiro em viagens sem comprometer a experiência. Ao planejar antecipadamente, usar programas de recompensa, procurar por promoções, usar transporte público, fazer sua própria comida, escolher acomodações mais econômicas e planejar atividades gratuitas, você pode economizar dinheiro em suas viagens e alcançar a frugalidade efetiva.

Como economizar em compras online

Comprar online pode ser uma maneira conveniente e eficiente de fazer compras, mas também pode ser uma maneira fácil de gastar mais dinheiro do que o necessário. No entanto, há muitas maneiras de economizar dinheiro em compras online e ainda assim obter o que você precisa. Aqui estão algumas etapas importantes que você pode seguir para economizar em compras online:

1. Pesquise antes de comprar

Pesquisar antes de comprar pode ajudá-lo a encontrar as melhores ofertas. Use sites de comparação de preços ou verifique em diferentes lojas online antes de fazer uma compra.

2. Use cupons e códigos promocionais

Usar cupons e códigos promocionais pode ser uma maneira econômica de economizar dinheiro em compras online. Procure por códigos promocionais antes de fazer uma compra ou inscreva-se em programas de fidelidade para receber cupons.

3. Aguarde promoções

Aguardar promoções, como feriados ou eventos de vendas, pode ser uma maneira econômica de economizar dinheiro em compras online. Considere esperar por esses eventos para fazer compras maiores.

4. Compre em grandes quantidades

Comprar em grandes quantidades pode ser uma maneira econômica de economizar dinheiro em compras online. Procure por descontos em pacotes ou em grandes quantidades para economizar dinheiro.

5. Verifique a política de devolução

Verificar a política de devolução de uma loja online antes de fazer uma compra pode ajudá-lo a evitar despesas extras. Certifique-se de entender as políticas de devolução de uma loja antes de fazer uma compra.

6. Evite compras por impulso

Evitar compras por impulso pode ajudá-lo a economizar dinheiro em compras online. Antes de fazer uma compra, pergunte-se se você realmente precisa do item e se há uma alternativa mais acessível.

7. Assine programas de frete grátis

Assinar programas de frete grátis pode ser uma maneira econômica de economizar dinheiro em compras online. Muitas lojas oferecem programas de assinatura para frete grátis, o que pode valer a pena se você fizer compras online com frequência.

Em resumo, há muitas maneiras de economizar dinheiro em compras online sem comprometer a qualidade dos produtos que você compra. Ao pesquisar antes de comprar, usar cupons e códigos promocionais, aguardar promoções, comprar em grandes quantidades, verificar a política de devolução, evitar compras por impulso e assinar programas de frete grátis, você pode economizar dinheiro em suas compras online e alcançar a frugalidade efetiva.

Como economizar em serviços financeiros

Serviços financeiros, como bancos e seguradoras, podem ser uma grande despesa mensal. No entanto, há muitas maneiras de economizar dinheiro em serviços financeiros e ainda assim obter os serviços necessários. Aqui estão algumas etapas importantes que você pode seguir para economizar em serviços financeiros:

1. Pesquise antes de escolher um banco

Pesquisar antes de escolher um banco pode ajudá-lo a encontrar a melhor opção para suas necessidades. Considere as taxas de juros, taxas de manutenção de conta e políticas de reembolso antes de escolher um banco.

2. Escolha uma conta bancária sem taxas

Escolher uma conta bancária sem taxas pode ajudá-lo a economizar dinheiro em taxas mensais. Muitos bancos oferecem contas bancárias sem taxas para clientes que atendem a certos critérios.

3. Use bancos online

Usar bancos online pode ser uma maneira econômica de lidar com suas finanças. Muitos bancos online oferecem taxas de juros mais altas e taxas mais baixas do que os bancos tradicionais.

4. Considere consolidar dívidas em um empréstimo com juros baixos

Consolidar dívidas em um empréstimo com juros baixos pode ajudá-lo a economizar dinheiro em juros. Procure por empréstimos com juros baixos ou considere transferir dívidas de cartão de crédito para um cartão com taxa de juros mais baixa.

5. Procure por seguros com descontos

Procurar por seguros com descontos pode ser uma maneira econômica de economizar dinheiro em serviços financeiros. Muitas seguradoras oferecem descontos para clientes que atendem a certos critérios, como motoristas com histórico de condução limpo ou proprietários de imóveis com sistemas de segurança em casa.

6. Escolha um corretor com comissões mais baixas

Escolher um corretor com comissões mais baixas pode ajudá-lo a economizar dinheiro em serviços financeiros. Considere as comissões de corretagem antes de escolher um corretor e procure por corretoras com comissões mais baixas.

7. Faça pagamentos em dia

Fazer pagamentos em dia pode ajudá-lo a economizar dinheiro em serviços financeiros. Atrasar pagamentos pode resultar em multas e juros adicionais, o que pode aumentar seus custos financeiros.

Em resumo, há muitas maneiras de economizar dinheiro em serviços financeiros sem comprometer a qualidade dos serviços que você recebe. Ao pesquisar antes de escolher um banco, escolher uma conta bancária sem taxas, usar bancos online, considerar consolidar dívidas em um empréstimo com juros baixos, procurar por seguros com descontos, escolher um corretor com comissões mais baixas e fazer pagamentos em dia, você pode economizar dinheiro em seus serviços financeiros e alcançar a frugalidade efetiva.

Como economizar em impostos

Impostos podem ser uma grande despesa para muitos indivíduos e empresas. No entanto, há muitas maneiras de economizar dinheiro em impostos e ainda assim cumprir suas obrigações fiscais. Aqui estão algumas etapas importantes que você pode seguir para economizar em impostos:

1. Entenda suas deduções fiscais

Entender suas deduções fiscais pode ajudá-lo a economizar dinheiro em impostos. Deduções fiscais permitem que você reduza sua renda tributável e, consequentemente, reduza seus impostos.

2. Contribua para planos de aposentadoria

Contribuir para planos de aposentadoria, como um 401(k) ou IRA, pode ser uma maneira econômica de economizar dinheiro em impostos. Essas contribuições são geralmente dedutíveis de impostos e podem reduzir sua renda tributável.

3. Utilize créditos fiscais

Utilizar créditos fiscais pode ajudá-lo a economizar dinheiro em impostos. Créditos fiscais são um desconto direto em seus impostos e podem ser reivindicados para despesas como educação, cuidados infantis e energia renovável.

4. Organize suas finanças

Organizar suas finanças pode ajudá-lo a economizar dinheiro em impostos. Manter registros precisos e atualizados de suas despesas pode ajudá-lo a reivindicar todas as deduções fiscais disponíveis para você.

5. Procure por orientação profissional

Procurar orientação profissional pode ajudá-lo a economizar dinheiro em impostos. Contadores e consultores fiscais podem ajudá-lo a entender suas obrigações fiscais e encontrar maneiras de economizar dinheiro em seus impostos.

6. Considere doações para caridade

Fazer doações para caridade pode ser uma maneira econômica de economizar dinheiro em impostos. Doações para caridade são dedutíveis de impostos e podem reduzir sua renda tributável.

7. Planeje antecipadamente

Planejar antecipadamente pode ajudá-lo a economizar dinheiro em impostos. Considere estratégias de planejamento tributário, como postergar receitas ou adiantar despesas, para reduzir sua carga tributária.

Em resumo, há muitas maneiras de economizar dinheiro em impostos sem violar a lei ou comprometer a qualidade de seus serviços. Ao entender suas deduções fiscais, contribuir para planos de aposentadoria, utilizar créditos fiscais, organizar suas finanças, procurar por orientação profissional, considerar doações para caridade e planejar antecipadamente, você pode economizar dinheiro em seus impostos e alcançar a frugalidade efetiva.

Como criar uma mentalidade de frugalidade

A frugalidade não é apenas sobre economizar dinheiro, mas também é uma maneira de pensar e viver. Criar uma mentalidade de frugalidade pode ajudá-lo a alcançar seus objetivos financeiros e viver uma vida mais satisfatória. Aqui estão algumas etapas importantes que você pode seguir para criar uma mentalidade de frugalidade:

1. Defina seus valores financeiros

Definir seus valores financeiros pode ajudá-lo a criar uma mentalidade de frugalidade. Identifique o que é importante para você e o que você deseja alcançar financeiramente. Use esses valores como um guia para tomar decisões financeiras.

2. Pratique a gratidão

Praticar a gratidão pode ajudá-lo a criar uma mentalidade de frugalidade. Aprenda a valorizar as coisas que você já tem e a não se concentrar apenas no que você deseja adquirir. Isso pode ajudá-lo a evitar compras por impulso e a tomar decisões financeiras mais conscientes.

3. Aprenda a viver abaixo de suas possibilidades

Aprender a viver abaixo de suas possibilidades pode ajudá-lo a criar uma mentalidade de frugalidade. Em vez de se concentrar em gastar todo o dinheiro que você ganha, tente viver abaixo de suas possibilidades. Isso pode ajudá-lo a economizar dinheiro para objetivos financeiros a longo prazo.

4. Tenha um orçamento

Ter um orçamento pode ajudá-lo a criar uma mentalidade de frugalidade. Um orçamento pode ajudá-lo a acompanhar seus gastos e encontrar áreas onde você pode economizar dinheiro. Certifique-se de que seu orçamento reflita seus valores financeiros e objetivos financeiros.

5. Pratique a paciência

Praticar a paciência pode ajudá-lo a criar uma mentalidade de frugalidade. Aprenda a esperar e poupar dinheiro para as coisas que você deseja em vez de comprá-las imediatamente. Isso pode ajudá-lo a evitar dívidas e a tomar decisões financeiras mais conscientes.

6. Evite comparações

Evitar comparações pode ajudá-lo a criar uma mentalidade de frugalidade. Não se compare com outras pessoas que têm mais dinheiro ou bens materiais do que você. Em vez disso, concentre-se em seus próprios objetivos financeiros e em como você pode alcançá-los de maneira frugal.

7. Celebre pequenas vitórias

Celebrar pequenas vitórias pode ajudá-lo a criar uma mentalidade de frugalidade. Aprenda a apreciar as pequenas economias de dinheiro que você faz e as decisões financeiras conscientes que você toma. Isso pode ajudá-lo a se sentir mais motivado e confiante em suas habilidades financeiras.

Em resumo, criar uma mentalidade de frugalidade pode ajudá-lo a alcançar seus objetivos financeiros e viver uma vida mais satisfatória. Ao definir seus valores financeiros, praticar a gratidão, aprender a viver abaixo de suas possibilidades, ter um orçamento, praticar a paciência, evitar comparações e celebrar pequenas vitórias, você pode criar uma mentalidade de frugalidade e alcançar a frugalidade efetiva.

Como manter a motivação e superar obstáculos

Manter a motivação e superar obstáculos é essencial para alcançar a frugalidade efetiva. Embora a frugalidade possa ser uma escolha consciente, há momentos em que a tentação pode se tornar forte ou quando surgem desafios inesperados. Aqui estão algumas etapas importantes que você pode seguir para manter a motivação e superar obstáculos:

1. Defina objetivos realistas e alcançáveis

Definir objetivos realistas e alcançáveis pode ajudá-lo a manter a motivação e superar obstáculos. Certifique-se de que seus objetivos financeiros sejam específicos, mensuráveis e viáveis. Isso pode ajudá-lo a se concentrar em suas metas e evitar ficar sobrecarregado.

2. Encontre inspiração

Encontrar inspiração pode ajudá-lo a manter a motivação e superar obstáculos. Pesquise histórias de pessoas que alcançaram a frugalidade e leia livros ou artigos que possam inspirá-lo. Isso pode ajudá-lo a manter sua visão em seus objetivos financeiros e motivá-lo a continuar.

3. Crie um sistema de apoio

Criar um sistema de apoio pode ajudá-lo a manter a motivação e superar obstáculos. Converse com amigos ou familiares que compartilhem seus valores financeiros e que possam oferecer apoio ou encorajamento quando você precisar. Também pode ser útil se juntar a comunidades online de pessoas com objetivos financeiros semelhantes.

4. Monitore seu progresso

Monitorar seu progresso pode ajudá-lo a manter a motivação e superar obstáculos. Acompanhe seus gastos, economias e objetivos financeiros para que você possa ver seu progresso ao longo do tempo. Isso pode ajudá-lo a se sentir motivado e confiante em suas habilidades financeiras.

5. Aprenda a lidar com recaídas

Aprender a lidar com recaídas pode ajudá-lo a manter a motivação e superar obstáculos. É normal ter dias ruins ou fazer compras impulsivas de vez em quando. O importante é aprender com essas experiências e encontrar maneiras de evitar que elas ocorram novamente.

6. Tenha um plano B

Ter um plano B pode ajudá-lo a manter a motivação e superar obstáculos. Em situações em que suas finanças estão apertadas ou você precisa de ajuda extra, é útil ter um plano B. Isso pode ser algo tão simples quanto vender itens que você não usa mais ou encontrar uma fonte alternativa de renda.

7. Comemore suas conquistas

Comemorar suas conquistas pode ajudá-lo a manter a motivação e superar obstáculos. Quando você alcançar seus objetivos financeiros, celebre! Isso pode ajudá-lo a se sentir motivado a continuar a trabalhar em direção a seus objetivos e a superar quaisquer obstáculos que surjam ao longo do caminho.

O futuro da frugalidade e como ela pode ajudar a salvar o planeta

A frugalidade é uma tendência crescente em todo o mundo e seu futuro parece brilhante. A medida que mais pessoas se tornam conscientes da importância de cuidar do meio ambiente e dos recursos limitados do planeta, a frugalidade se torna uma escolha natural. Aqui estão algumas das maneiras como a frugalidade pode ajudar a salvar o planeta e garantir um futuro sustentável:

1. Redução de resíduos e poluição

A frugalidade pode ajudar a reduzir o desperdício e a poluição. Ao adotar um estilo de vida mais simples e consciente, as pessoas podem comprar menos, usar produtos de maneira mais eficiente e reciclar mais. Isso pode ajudar a reduzir a quantidade de lixo que acaba em aterros sanitários e a minimizar a poluição causada pela produção e descarte de produtos.

2. Conservação de recursos naturais

A frugalidade pode ajudar a conservar os recursos naturais do planeta. Ao consumir menos e usar produtos de maneira mais eficiente, as pessoas podem reduzir a quantidade de recursos naturais que são extraídos, processados e usados. Isso pode ajudar a preservar a biodiversidade e os ecossistemas naturais do planeta.

3. Promoção de uma economia circular

A frugalidade pode promover uma economia circular, na qual os produtos são projetados para serem reutilizados, reparados e reciclados. Isso pode ajudar a minimizar a extração de recursos naturais e a reduzir a quantidade de lixo que é descartada. Além disso, uma economia circular pode criar oportunidades de emprego e promover a inovação tecnológica.

4. Contribuição para a luta contra as mudanças climáticas

A frugalidade pode contribuir para a luta contra as mudanças climáticas. Ao reduzir a quantidade de produtos que consumimos e o uso de energia, as pessoas podem minimizar a quantidade de emissões de gases de efeito estufa. Isso pode ajudar a retardar as mudanças climáticas e a proteger o planeta para as gerações futuras.

5. Melhoria da qualidade de vida

A frugalidade pode melhorar a qualidade de vida das pessoas. Ao reduzir o estresse financeiro e a ansiedade associados à dívida e ao excesso de consumo, as pessoas podem experimentar uma maior satisfação e bem-estar emocional. Além disso, a frugalidade pode promover uma comunidade mais unida e solidária, com menos ênfase no status e mais ênfase nas relações interpessoais.

Em resumo, a frugalidade é uma escolha consciente que pode ajudar a salvar o planeta e garantir um futuro sustentável. Ao reduzir o desperdício e a poluição, conservar os recursos naturais, promover uma economia circular, contribuir para a luta contra as mudanças climáticas e melhorar a qualidade de vida das pessoas, a frugalidade pode ser um caminho para um futuro melhor e mais justo para todos.

Conclusão

A frugalidade é uma escolha consciente que pode trazer inúmeros benefícios para a vida das pessoas e do planeta. Ao adotar um estilo de vida mais simples e consciente, as pessoas podem economizar dinheiro, reduzir o estresse financeiro, melhorar sua qualidade de vida e, ao mesmo tempo, ajudar a salvar o planeta.

Ao longo deste livro, exploramos os princípios básicos da frugalidade, desde a história e a definição até estratégias específicas para economizar dinheiro em diferentes áreas da vida. Também discutimos a importância de definir objetivos financeiros, criar um orçamento, encontrar inspiração, criar um sistema de apoio e manter a motivação.

A frugalidade não significa viver uma vida de privações ou restrições. Em vez disso, é uma escolha consciente de viver com menos desperdício e consumo excessivo, para se concentrar no que é realmente importante em nossas vidas. Ao adotar um estilo de vida mais frugal, as pessoas podem descobrir novas formas de satisfação e felicidade, sem sacrificar seu bem-estar financeiro.

Além disso, a frugalidade pode ser uma forma de contribuir para a luta contra as mudanças climáticas, a poluição e a degradação ambiental. Ao reduzir o desperdício e conservar os recursos naturais, as pessoas podem ajudar a proteger o planeta para as gerações futuras.

É importante lembrar que a frugalidade não é uma solução mágica para todos os problemas financeiros ou ambientais. É uma escolha consciente que requer esforço e dedicação para ser efetiva. No entanto, ao adotar um estilo de vida mais frugal, as pessoas podem descobrir novas oportunidades de economia, realização e impacto positivo no mundo.

Em suma, a frugalidade é uma escolha que pode trazer inúmeros benefícios para a vida das pessoas e do planeta. Ao adotar um estilo de vida mais consciente e econômico, as pessoas podem economizar dinheiro, melhorar sua qualidade de vida e contribuir para um futuro sustentável e justo para todos.

Em nome da equipe responsável por este livro sobre frugalidade, gostaríamos de agradecer por ter dedicado seu tempo para ler e explorar os princípios e estratégias que compartilhamos. Esperamos que este livro tenha sido útil e esclarecedor para você, fornecendo informações valiosas e dicas práticas para ajudá-lo a alcançar uma vida mais frugal e sustentável.

Estamos profundamente comprometidos em ajudar as pessoas a descobrir novas formas de economia e redução do desperdício, e acreditamos que a frugalidade pode ser uma escolha consciente para alcançar esses objetivos. Nós nos esforçamos para tornar este livro educativo, científico e emocionalmente envolvente, para que você possa aprender enquanto desfruta da leitura.

Se você gostou deste livro e achou útil, por favor, considere deixar uma avaliação positiva em sua plataforma de avaliação preferida. Seu feedback é importante para nós, pois nos ajuda a melhorar e a compartilhar nossas ideias com mais pessoas.

Por fim, queremos agradecer novamente por ter lido este livro sobre frugalidade. Esperamos que você possa aplicar as estratégias e dicas apresentadas aqui em sua vida diária, para economizar dinheiro, reduzir o desperdício e contribuir para um futuro mais sustentável e justo para todos.

www.ingramcontent.com/pod-product-compliance
Lightning Source LLC
Chambersburg PA
CBHW071109220526
45467CB00004B/1761